AUX COULEURS DU MONDE

Pascale Cheminée

LE MONDE DES MOTS

circonflexe

ISBN 978-2-87833-505-7
Imprimé en Italie
Dépôt légal : novembre 2009
Loi n° 49-956 du 16 juillet 1949
sur les publications destinées à la jeunesse

Les langues du monde

Si, selon l'histoire de la tour de Babel, Dieu a voulu séparer les hommes par la barrière de la langue, il faut cependant noter que les langues enrichissent les cultures du monde. De nombreuses langues sont donc parlées sur Terre et leur nombre est difficile, voire impossible à évaluer.

L'Unesco reconnaît 6 000 langues vivantes alors qu'un organisme américain spécialisé dans les langues du monde[1] en dénombre 6 800. Le nombre de langues au monde avoisine par conséquent les 7 000, mais ce chiffre ne prend en compte ni les dialectes, ni les « patois ».

Sur cette carte, on peut voir la répartition géographique de plus de 6 700 langues parlées par 6 milliards d'habitants[2] sur les cinq continents.

La tour de Babel

Selon le livre de la Genèse de la Bible[3], la tour de Babel était une tour que souhaitaient construire les hommes pour atteindre le ciel. Descendants de Noé, ils représentaient donc l'humanité entière et étaient tous censés parler la même et unique langue sur Terre. Pour contrecarrer leur projet qu'il jugeait plein d'orgueil, Dieu multiplia les langues afin que les hommes ne se comprennent plus. La construction, ne pouvant plus avancer, s'arrêta, et les hommes se dispersèrent sur la Terre.

Pieter Bruegel l'Ancien, XVIe siècle.

Répartition des langues par continent.

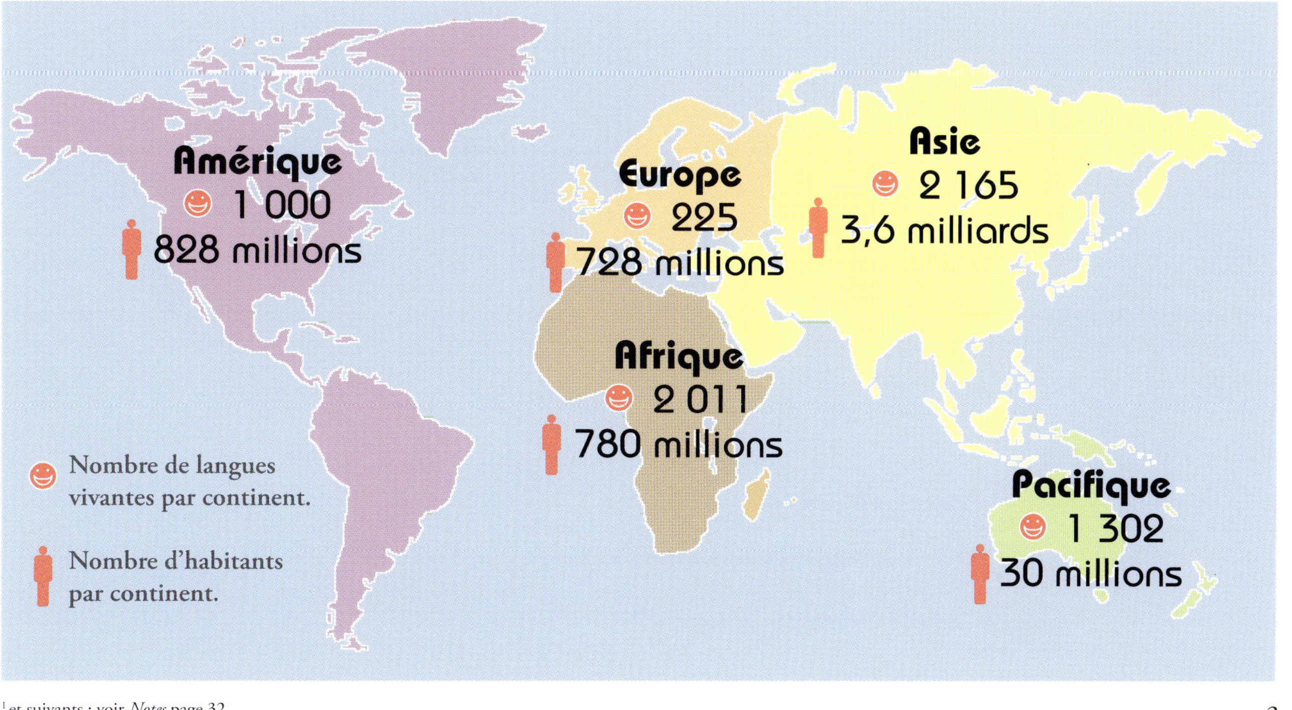

[1] et suivants : voir *Notes* page 32.

Cela paraît très simple de « compter » les langues, on se dit qu'il suffit de dénombrer une langue par pays. Si on prend l'exemple de l'Europe, il y a le français, l'anglais, l'allemand, l'espagnol... En fait, ce n'est pas aussi facile. En France, le ministère de la Culture répertorie 24 **langues régionales*** en plus du français. La carte ci-dessous en compte 33 et certains en dénombrent jusqu'à 40.
En réalité, seules deux langues régionales de France sont comptées parmi les 6 800 langues du monde : le **basque** et le **breton**.
Le basque, parlé aussi en Espagne, ne ressemble à aucune autre langue au monde. Le breton est une langue celte comme l'irlandais, le gallois et l'écossais.

Chez nos voisins italiens, c'est un peu pareil puisque, en plus de l'italien, on parle aussi piémontais, frioulan, sarde, sicilien, allemand, slovène, français, franco-provençal, catalan, grec, albanais et serbo-croate !

On voit donc que ce chiffre de 6 800 n'entre guère dans le détail, et que l'on pourrait compter probablement beaucoup plus de langues.

Les langues de France.

* Les mots suivis d'un astérisque sont définis dans le lexique page 32.

Qu'est-ce qu'une langue ?

Premier point important, **on distingue deux langues lorsque ceux qui les parlent ne se comprennent pas**.

Mais les distinctions ne sont pas faciles : si on prend le cas de la France, on voit bien qu'un Parisien ne peut pas comprendre un Breton si celui-ci parle breton. On répertorie d'ailleurs le breton comme une langue.

Pourtant, il existe bien d'autres façons de parler, en France, qui ne sont guère compréhensibles quand on n'est pas né dans la région. Autrefois, on parlait de « patois », aujourd'hui, on préfère dire, de façon plus exacte, langues régionales. En effet : si un Marseillais en vacances se promène sur un marché en Poitou, il y a de fortes chances pour qu'il ne comprenne pas grand-chose au poitevin que l'on parle autour de lui, surtout si ceux qui le parlent ont plus de cinquante ans.

Il y a probablement plus de différences entre le poitevin et le provençal que l'on parle encore parfois autour de Marseille qu'entre le norvégien et le suédois. Pourtant, le suédois et le norvégien sont considérés comme deux langues, bien que ceux qui les parlent se comprennent à peu près. La compréhension possible entre deux locuteurs* n'empêche donc pas que l'on puisse parler de « langue ».

L'histoire politique du pays est le second élément important à prendre en compte. En effet, ce critère est déterminant pour la reconnaissance de l'existence d'une langue.

Rôle politique des langues

Une **langue officielle*** est une langue qui est utilisée dans les parlements, à la télévision et à la radio. Elle sert à remplir les papiers administratifs, à enseigner à l'école. Elle est employée dans tous les lieux publics. La France n'a qu'une seule langue officielle, le français, mais la Suisse, par exemple, en compte quatre : l'allemand, le français, l'italien et le romanche.
Les Suédois et les Norvégiens parlent plus ou moins la même langue avec des différences, surtout de prononciation, mais leur Histoire a fait qu'ils sont devenus deux États distincts. On compte bien deux langues, avec lesquelles les gens se parlent. Mais les langues officielles sont-elles les seules à être parlées dans un pays ? Une fois de plus, ce n'est pas si simple…

Importance du nombre de locuteurs

En effet, un continent comme l'Afrique comprend, à côté des langues officielles utilisées dans l'administration ou à la télévision, beaucoup de langues parlées, non enseignées à l'école, ni même écrites. Et l'on est bien obligé de dire que ce sont des langues, car elles sont parlées par des centaines de milliers de personnes. **Le nombre de personnes parlant une langue** est donc le troisième élément important qui sert quand on compte les langues. C'est pourquoi on dit qu'il y a plus de 2 000 langues en Afrique. De même, en Inde, 398 langues ont été officiellement répertoriées, mais il existerait plus de 1 600 langues. Quarante seulement sont parlées par plus d'un million de personnes et une soixantaine sont enseignées à l'école.

Ce tableau indique le nombre de personnes ayant appris à parler une langue dans leur famille quand ils étaient petits. C'est ce qu'on appelle la langue maternelle*.

Rang	**Langue**	**Nombre de personnes dont c'est la langue maternelle (en millions)**
1	Chinois mandarin	900
2	Hindoustani (hindi et ourdou)	486
3	Espagnol	390
4	Anglais	360
5	Portugais	240
6	Arabe	Entre 185 et 220
7	Français	200
8	Bengali	185
9	Malais-indonésien	180
10	Russe	170
11	Japonais	122
12	Allemand	120

Cet autre tableau nous indique le nombre total de personnes qui parlent une langue, ceux dont c'est la langue maternelle ainsi que ceux à qui elle sert de seconde langue*.

Rang	**Langue**	**Nombre total de personnes qui parlent la langue**
1	Chinois mandarin	1 milliard 200 millions
2	Anglais	1 milliard 60 millions
3	Hindoustani (hindi et ourdou)	829 millions (dont 725 millions pour l'hindi et 104 millions pour l'ourdou)
4	Français	600 millions
5	Arabe	480 millions
6	Espagnol	450 millions
7	Russe	285 millions
8	Portugais	260 millions
9	Allemand	200 millions
10	Malais-indonésien	180 millions
11	Japonais	132 millions
12	Italien	125 millions

Langues orales

Une langue orale est une langue qui est seulement parlée et qui n'a pas encore de transcription écrite.
Les langues orales sont les plus nombreuses dans le monde.

Ce n'est pas parce qu'une langue n'est pas écrite qu'elle est simple. **Toutes les langues sont difficiles**, même les langues des tribus amazoniennes ou d'Océanie. Il y a sans doute moins de mots parce que les techniques (et donc le vocabulaire) ne sont pas très développées. Mais leurs histoires, leurs contes et leurs poèmes sont tout aussi bien pensés, bien composés, subtils et intéressants que ceux des langues écrites. La différence, c'est qu'ils sont appris par cœur, qu'ils sont racontés et transmis de génération en génération.

Combien y a-t-il de langues écrites ?

Il est difficile de répondre à cette question. On sait qu'*Harry Potter* a déjà été traduit en 65 langues, mais il est très loin derrière le *best-seller* mondial qu'est la Bible : en 2006, elle était traduite en 2 403 langues[4]. On compte donc au moins 2 403 langues écrites, mais il y en a certainement davantage.

Systèmes d'écriture

Pour retranscrire toutes les langues écrites du monde, il existe aujourd'hui environ **25 systèmes d'écriture** : les caractères chinois, qui représentent chacun une idée, et l'écriture alphabétique sont deux de ces systèmes. Un seul système peut être utilisé pour écrire dans des quantités de langues différentes.

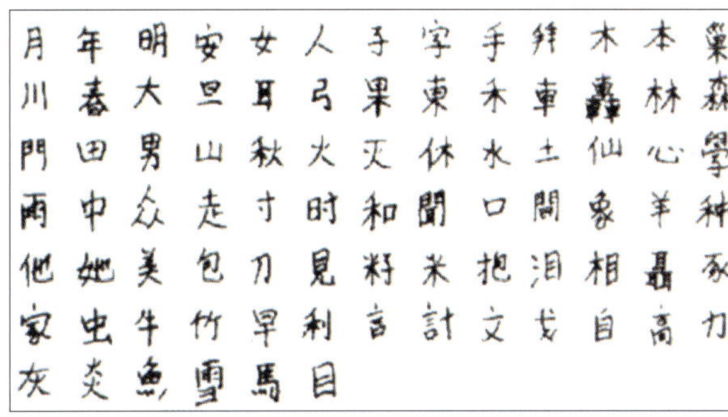

Caractères de l'alphabet chinois.

Parmi les différents alphabets qui existent, le nôtre est appelé **alphabet latin**. Il sert à transcrire des dizaines et des dizaines de langues, dont le français, l'italien, l'espagnol, l'allemand, l'anglais, mais aussi le fang (parlé au Gabon), le turc, le tsigane, le polonais, le hongrois, le malgache...

Langues mortes et langues vivantes

Quand une langue meurt, c'est souvent qu'il n'y a plus personne qui la parle. Par exemple, en mars 1916, Ishi, **le dernier Indien Yahi**, est mort à San Francisco. Il était le dernier à parler sa langue. Après son décès, plus personne n'a prononcé un mot dans sa langue.

Mais ce sont la plupart du temps des événements historiques et politiques qui causent la disparition des langues.

En 1939, 15 millions de personnes à travers l'Europe parlaient une langue qu'on appelle le **yiddish**. Cette langue, qui était celle des Juifs d'Europe centrale, a presque complètement disparu puisque ceux qui la parlaient ont été tués par les nazis. Très peu de personnes la parlent aujourd'hui, de sorte qu'elle risque de devenir une langue morte.
Il y a très longtemps, en Irak, les habitants parlaient une langue qu'on appelle le **sumérien**. Les Sumériens, qui sont les premiers à avoir inventé l'écriture (3 300 av. J.-C.), ont été battus par des peuples voisins et leur langue a petit à petit disparu.

Le **latin** n'est plus parlé aujourd'hui. L'**hébreu** a été une langue morte pendant près de 2 000 ans, mais a ressuscité au XXe siècle. Il est de nouveau parlé aujourd'hui par 10 millions de personnes. Le **grec** est toujours parlé, même s'il a changé. L'**araméen**, une variété d'hébreu, qui était la langue du Christ, est une langue morte. Quant aux Gaulois, ils ont abandonné leur langue au profit du latin. La survie de la **langue tibétaine** est liée à celle du peuple tibétain. Le **breton** est en danger, mais toujours vivant.

Lamed Mem Nun Samek

Lettres de l'alphabet hébraïque.

Aujourd'hui, le grec et le latin continuent à vivre à travers le français. Ils nous servent par exemple à créer de nouveaux mots. Ainsi, *ordinateur* vient du mot latin *ordinator*, qui veut dire « celui qui met en ordre ».

Alpha Bêta Gamma Delta

Lettres de l'alphabet grec.

Familles de langues

En comparant le latin, le grec ancien, le sanskrit (langue morte d'Inde) et le vieux perse, les savants du XIXe siècle se sont aperçus que ces langues se ressemblaient. C'est ainsi qu'ils ont classé les langues en « familles », selon leurs ressemblances. Aujourd'hui, on en compte de 90 à 107. **Le français fait partie des langues dites « latines » ou « romanes ».**

Comme le néerlandais, l'allemand, le suédois…, **l'anglais fait partie des langues germaniques** apportées par les « hordes barbares » vers le IVe siècle (*cf.* p. 27).

On ne sait pas quelle est l'origine des langues : une langue unique ou plusieurs ?

Voici comment le mot *eau* se dit dans plusieurs langues romanes, germaniques et slaves :

Langues romanes	**Latin**	*Aqua*
	Italien	*Acqua*
	Espagnol	*Agua*
	Catalan	*Aigua*
	Poitevin	*Aive*
	Portugais	*Agua*
	Roumain	*Apă*
Langues germaniques	**Anglais**	*Water*
	Allemand	*Wasser*
	Néerlandais	*Water*
	Suédois	*Vatten*
	Danois	*Vand*
	Norvégien	*Vann*
	Islandais	*Vatn*
Langues slaves	**Russe**	*Boda*
	Ukrainien	*Boda*
	Polonais	*Woda*
	Tchèque	*Voda*
	Slovaque	*Voda*
	Bulgare	*Boda*
	Macédonien	*Bada*
	Serbo-croate	*Voda*
	Slovène	*Voda*

Parle-t-on de la même chose d'une langue à l'autre ?

Chaque langue a ses propres « trous ». Ainsi, les mots peuvent manquer pour exprimer certaines choses ou, au contraire, être très nombreux pour dire une seule et même chose. C'est le cas de la neige dans la langue inuit et de la couleur de la robe des chevaux en Argentine.

La langue française ne comporte que trois mots pour évoquer la **neige** et ses particularités. Ce sont les skieurs qui les ont créés pour évoquer la qualité de la neige. En effet, il est important pour eux de savoir si la neige est de la *poudreuse*, si elle est *pourrie* ou *tôlée* car il en va de leur sécurité.

Les Inuits, qui vivent au nord de l'Amérique et au Groenland, ont **plus de 22 mots**[6] pour décrire la neige. Pour chaque nom inuit, on est obligé d'employer une longue expression en français parce que ces noms n'existent pas dans notre langue.

Quelques mots inuits pour décrire la neige

Aqilluqqaaq : de la neige fraîche et boueuse.
Isiriartaq : de la neige tombante, jaune ou rouge.
Katakartanaq : de la neige croustillante, qui se brise sous les pas.
Kavisilaq : de la neige durcie par la pluie ou la gelée.
Kinirtaq : de la neige mouillée et compacte.
Mingullaut : de la neige fine et poudreuse, qui rentre dans les interstices et qui couvre les objets.
Mituk : une couverture de neige fine qui couvre un trou de pêche.
Natiruviaqtuq : des éclatements de neige sur le sol.
Niggiut : banc de neige formé par des vents du sud-est.
Uangniut : banc de neige formé par un vent du nord-ouest.
Niummak : de la neige dure et ondulée qui reste sur les plaines de glace.

En français, il existe une vingtaine de mots pour décrire le poil, la robe d'un cheval. En Argentine, les *gauchos*, qui passent leur vie à cheval pour garder les grands troupeaux de la pampa, ont **plus de 200 mots** pour décrire la couleur du pelage du cheval !

Les langues n'expriment pas les couleurs de manière identique, elles n'ont pas les mêmes critères pour les classer.

Quand on regarde un arc-en-ciel, on peut voir des couleurs qui passent, par toutes sortes de nuances, progressivement du violet au rouge. En français, nous disons que l'arc-en-ciel a sept couleurs, qui sont : le violet, l'indigo, le bleu, le vert, le jaune, l'orangé, le rouge.

En Zambie (Afrique), la langue chona a un mot qui signifie « indigo bleu », un autre pour « bleu vert », un troisième pour « jaune orange » et un quatrième pour « orange rouge ». Ce qui ne veut pas dire qu'il n'y ait pas d'autres noms de couleur en chona, mais là où le français fait sept divisions, le chona n'en fait que quatre. Enfin, en bassa, une langue qui est parlée au Libéria (Afrique), on parle de couleurs « froides » pour l'indigo, le bleu, le vert et de couleurs « chaudes » pour le jaune, l'orange et le rouge.
Certaines langues ont des particularités syntaxiques qui prêtent parfois à sourire lorsque l'on les découvre.

De drôles de phrases

On est souvent surpris et amusé d'entendre des anglophones prononcer des phrases de ce type :

Phrases anglaises	Phrases dites par un anglophone	Phrases françaises correctes
I am twenty	Je **suis** 20 ans	J'ai 20 ans
I am hungry	Je **suis** faim	J'ai faim
I have been listening to a singer	J'ai écouté **à** un chanteur	J'ai écouté un chanteur
Her dog	**Sa** chien	Son chien

Bien que les anglophones emploient des mots français, ils conservent la structure de phrase anglaise : ils parlent anglais avec des mots français !

En mandinka, qui est une langue parlée en Afrique de l'Ouest, on ne dit pas « **Je** suis malade » comme en français, en anglais *(I am ill)* ou en allemand *(Ich bin krank)* mais « la maladie est sur **moi** ».

Il ne faut donc pas seulement apprendre les mots pour connaître une langue étrangère, mais aussi la manière de dire les choses, et c'est ce qui est difficile car cela change nos habitudes.

Tout le monde ne parle pas (toujours) de la même façon

Au sein d'une même communauté linguistique*, tout le monde ne parle pas de façon identique. Ainsi, la différence de niveau social peut influer sur la façon de s'exprimer dans une langue.

Si un Français entend : *J'te kiffe grave* ou *je vous aime infiniment*, il sait, sans qu'on ait à lui expliquer, de quel milieu social sont les personnes qui parlent.
En Angleterre, par exemple, les enfants de la bourgeoisie appellent leurs grands-parents : grand-père : *grandpa*
grand-mère : *grandma* ou *granny*
alors que les enfants des classes populaires les appellent : grand-père : *grandad*
grand-mère : *nan*

De même, pour évoquer le déjeuner de midi, les bourgeois parlent de *lunch*, alors que les ouvriers disent *diner*.

Autre cas de figure, à Bali[5], en Indonésie : s'exprimer dans ce pays devient encore plus complexe car il faut changer de vocabulaire en fonction des personnes avec lesquelles on parle.
Par exemple, pour dire *manger*, on dira *naar* si l'on est en famille ou avec des amis, *neda* si l'on est invité chez des gens que l'on ne connaît pas bien et qui sont un peu intimidants, et *ngadjengang* si l'on est dans un dîner « chic », dans une situation officielle.

La vie des mots

Création des mots

On crée des mots (à moins que l'on ne les emprunte) pour désigner, donner un nom à quelque chose qui n'existait pas avant, un objet ou une idée. Pour cela, on fait jouer des mécanismes formels (ex. : dérivation*) ou des mécanismes de sens (ex. : comparaison).

Mécanismes formels

Les mots dérivés

La plupart des langues créent des mots nouveaux en ajoutant un élément à un radical ou à un mot qui existe déjà. On peut ainsi ajouter au début d'un mot un **préfixe*** ou, au contraire, un **suffixe*** (une terminaison).

Par exemple, en anglais, on a fabriqué le mot *teenager*, qui est une autre façon de dire « adolescent ». Comme tous les nombres de 13 à 19 finissent par *-teen* (*thirteen*, *fourteen*, *fifteen*, *sixteen*, *seventeen*, *eighteen*, *nineteen*), *teen age* désigne l'âge qui va de 13 à 19 ans. De plus, on a ajouté la terminaison -**er** qui est celle des noms de personne. Un *teenager* est donc une « personne qui a entre 13 et 19 ans ».

En indonésien, le mot *jalan* veut dire « route ». En ajoutant un préfixe et une terminaison, on obtient le mot *perjalanan*, qui veut dire « voyage ».

Le français est très économique : avec des préfixes et des terminaisons, on peut créer des quantités de mots. Par exemple, en ajoutant des préfixes au verbe *passer*, on a créé ***dé**passer*, ***re**passer*, ***sur**passer*…

Quelques exemples de suffixes figurent dans l'encadré en bas de page.

L'ajout de voyelles

En **arabe** et en **hébreu**, c'est en ajoutant des voyelles différentes à trois consonnes servant de base que l'on fabrique des mots nouveaux : *sfr* en arabe veut dire « voyager ». Si on ajoute un ***a*** et un ***i***, on obtient le mot *s**a**f**i**r* qui veut dire « ambassadeur » : en effet, les ambassadeurs voyagent beaucoup ! On peut créer aussi le mot *sefarat*, « ambassade » ou *mosafir*, « voyageur ».

Les suffixes

-ier sert à écrire des noms de choses comme *sucrier, plumier* ; des noms d'arbres comme *citronnier* ; des noms de métier comme *banquier, matelassier, bijoutier, poissonnier.*

-er sert à écrire des noms d'arbres comme *oranger.*

-erie sert à écrire des noms de bâtiments comme *orangerie, bergerie, gendarmerie, poissonnerie, bijouterie* ; des noms de qualités ou de défauts, comme *étourderie.*

-ée sert à écrire des noms qui disent le contenu de quelque chose comme *assiettée, pelletée.*

-ade sert à écrire des noms de boissons comme *orangeade, citronnade.*

-age sert à écrire des noms qui disent un ensemble de choses comme *plumage, feuillage* ; des noms qui décrivent une action, comme *déblayage, arrosage.*

-ure sert à écrire des noms de métiers (fonction) ou de lieux où s'exerce ce métier comme *magistrature, préfecture.*

-eur sert à écrire des noms de qualités ou de défauts comme *laideur, fraîcheur, hauteur* ; des noms de métiers comme *camionneur.*

-ment sert à écrire des noms qui décrivent une action comme *emprisonnement, déblaiement, chatouillement, grognement* ; des noms de bâtiments comme *baraquement.*

-ion sert à écrire des noms d'action comme *démolition.*

-ette sert à écrire des diminutifs comme *maisonnette, andouillette, disquette, camionnette.*

La répétition de mots

Pendant la Première Guerre mondiale, la célèbre espionne hollandaise Margaretha Geertruida Zelle qui avait grandi en Indonésie, s'est inventé un nom à partir du nom indonésien *mata* qui veut dire « œil ». Elle s'est donc fait appeler Mata Hari. Mais si on le répète, *mata-mata* veut dire « espion » ! Peu d'Européens connaissent l'indonésien, et c'était probablement, pour cette aventurière, une manière de se moquer de ceux qu'elle espionnait.

Dans beaucoup de langues en tout cas, on crée des mots par simple répétition : en grec moderne, *siga* veut dire « doucement » et *siga siga,* « petit à petit ».

En français aussi, *petit à petit, peu à peu* n'ont pas le même sens que « petit » ou « peu ». Cela se fait encore en turc, en iranien, et jusque dans des langues africaines comme le wolof, par exemple.

Mata Hari (1910).

La création de mots composés

Là où nous fabriquons un mot en ajoutant un préfixe, comme dans le mot *emporter*, où l'on reconnaît le verbe *porter*, bien des langues n'ont pas de mot spécifique mais en mettent deux l'un à côté de l'autre, en créant ainsi des « mots composés ».

Comme on l'a précisé tout à l'heure, en indonésien, le mot *jalan* veut dire « route » ; on peut créer un mot composé, fait de deux ou plusieurs mots, comme *jalan keluar* qui veut dire « la route vers dehors », « la sortie ».

Exemples de mot composé en chinois

Le caractère 木, qui se prononce *mù*, signifie « arbre ». Si l'on double ce caractère, on obtient *lín* 林, qui veut dire « forêt ». Si l'on ajoute à nouveau à « forêt » le caractère *mù*, on obtient *sēnlín* 森, qui veut dire « grande forêt ».

Le chinois se sert en général d'un caractère, qui a un sens assez large, qu'il précise en en ajoutant un second. Ainsi, le mot *trafic* (dans un port) est fait de deux caractères qui veulent dire : « avaler » et « vomir ». En iranien, ce même mot *trafic* se dit *amad-o-raft*, qui veut dire « vient et va ». Et en français, pour parler du *trafic* d'un port, on peut dire aussi « va-et-vient ». En chinois, comme en baoulé qui est une langue africaine, on dit *prendre* (*dai* en chinois et *fa* en baoulé) et *aller* (*qu* en chinois et *ko* en baoulé). Le mot *emporter* se dit *daiqu* en chinois et *fako* en baoulé.

Le français aussi a beaucoup de mots composés, mais il ajoute très souvent une préposition entre les deux : *fil **de** fer, fil **à** plomb*, ou un trait d'union : *cache-col.*

Les onomatopées*

Dans toutes les langues, on crée des mots par imitation. Partout, il existe des onomatopées, c'est-à-dire des mots qui imitent le bruit de quelque chose. Mais chaque langue a ses propres onomatopées.

Voici, par exemple, le cri du coq dans différentes langues.

Allemagne	*Kikeriki*
Angleterre	*Cock-a-doodle-doo*
Chine (Mandarin)	*Gwou gwou*
Grèce	*Kiriki*
Russie	*Ku-ka-re-ku*
Italie	*Chicchirichi*
Espagne	*Kirikiki*
Portugal	*Cocorococo*
Roumanie	*Cucurigu*
Finlande	*Kukkokiekuu*
Japon	*Kokekokko*

Beaucoup de noms décrivent des bruits. Par exemple, *ping-pong* imite le son de la balle qui rebondit sur la table.

Mécanismes de sens

La description

On se demande rarement d'où viennent les mots que l'on emploie. Mais si l'on réfléchit un peu, on peut facilement deviner d'où viennent certains d'entre eux.

Le *pissenlit* se nomme ainsi parce qu'il a la réputation de faire faire pipi, bien sûr. La *jaunisse* est une maladie qui donne le teint jaune. Tout le monde sait que les *rouges-gorges* ont le devant du cou tout rouge.
Bien des mots d'origine étrangère sont ainsi construits.
Le mot *rhinocéros* par exemple vient de deux mots grecs (*rhinos,* « le nez », *keros,* « la corne ») qui veulent dire : « celui qui a une corne sur le nez ».
Le mot *écureuil* est très ancien, il vient du grec et veut dire « celui qui fait de l'ombre avec sa queue ». Ou encore le mot *fesses,* en latin, voulait dire « la (partie du corps) fendue ». Le mot *femme* est aussi très ancien, il voulait dire : « celle qui est tétée ».
Tournesol et *souci* veulent dire la même chose. Le premier vient de l'italien ou de l'espagnol, et veut dire « qui se tourne vers le soleil » ; le second vient du latin, et signifie « qui suit le soleil ».

Jeu d'écriture : rébus

Un *rébus* est un jeu qui, par dessins, chiffres… fait deviner les sons des mots.
Un *calligramme* est un poème dont l'écriture même a la forme de l'objet évoqué.

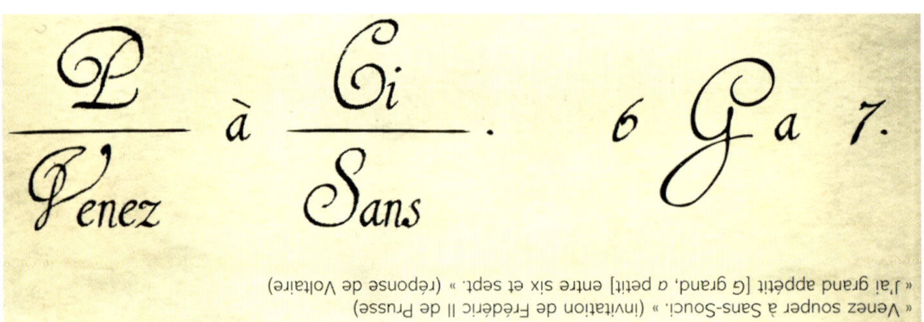

La métaphore*

Bien des mots de tous les jours sont, à l'origine, des comparaisons, mais on l'a oublié depuis longtemps.

Qui se doute, par exemple, que le mot *rue* vient d'un mot latin qui voulait dire « ride » ? Les rues sont à la surface de la terre comme les « rides » sur la peau.
Le *moineau*, qui a un plumage brun et beige, a été comparé à un petit *moine*. Le mot *cabriolet*, qui désignait autrefois une voiture à cheval à deux roues décapotable, vient du verbe *cabrioler*, « sauter comme un cabri » parce que cette voiture était légère, rapide et pas très stable.
Chacun sait que l'on se gratte beaucoup quand on a de l'*urticaire*. Ce mot vient du latin *urtica*, qui veut dire « ortie » !
Le mot *pelouse* vient aussi du latin ; il veut dire : « une (surface) poilue », en comparant l'herbe et les poils.
Un *orgelet* est un petit furoncle au bord de la paupière de la taille d'un « grain d'orge », comme son nom l'indiquait en latin.

La métonymie*

Une autre façon vraiment très habituelle et très curieuse de fabriquer des mots est de donner à un objet le nom de la matière avec laquelle il est fait, ou bien d'un détail caractéristique de cet objet.

Par exemple, on parle d'un *verre* pour dire l'objet qui sert à boire. Mais le *verre* est d'abord la matière avec laquelle il est fait. On dit aussi qu'on « boit un verre » : il s'agit bien sûr du contenu du verre.
De la même façon, les amateurs de bateau « font de la voile » : bien sûr, ils font du « voilier », mais sans la voile dans laquelle s'engouffre le vent, on ne pourrait pas avancer sur l'eau. La voile est la partie la plus importante de ce type de bateau.
Sur ce modèle, on a fabriqué et on fabrique toujours des mots. Par exemple, le *robinet* est un objet dont on se sert tous les jours pour prendre de l'eau. Il y a bien longtemps, sur le tuyau des fontaines, et par la suite, sur les premiers robinets, était sculptée la tête d'un *robin*, mot qui voulait dire « mouton » au Moyen Âge. C'est ce (joli) détail qui attirait l'œil et qui a donné son nom au *robinet*.

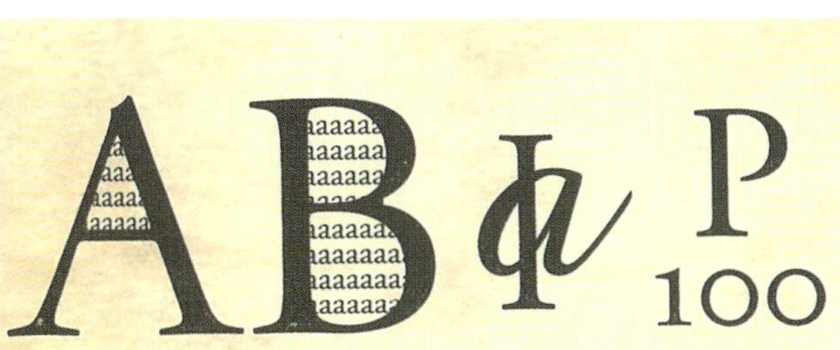

Un grand abbé, rempli d'appétit a traversé Paris sans souper (ou, littéralement : Un grand *AB* rempli d'*a* petits / *a* traversé par *i* / 100 sous *p*).

Jeu d'écriture : calligramme

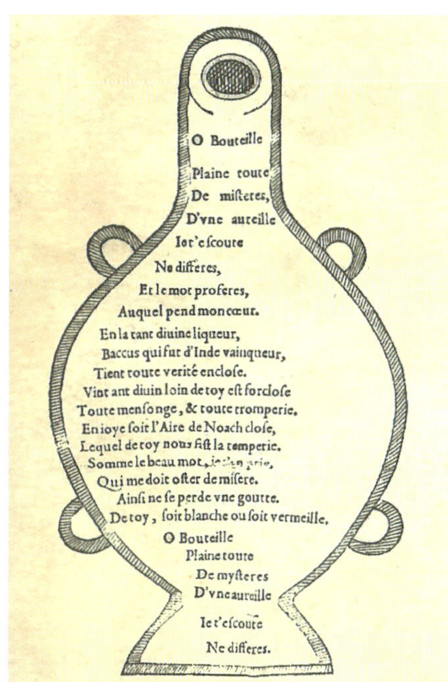

F. Rabelais, illustration du Cinquiesme et dernier livre des faicts et dicts héroïques du bon pantag'uel.

Évolution du sens des mots

Certains mots ont traversé onze siècles d'histoire de la langue française sans changer : les verbes *être, avoir, aller, dire, faire, penser, vouloir* se disaient déjà comme cela dans le plus ancien texte français qu'on ait gardé. Et pourtant, ils ont été prononcés par des millions de bouches !
Mais d'autres ont changé, ou plutôt, ils ont pris des sens supplémentaires. Les nouveaux sens se créent comme se créent les nouveaux mots.
Voici quelques exemples de métonymies et de métaphores.

Les métonymies

Bureau

À l'origine, le *bureau* était une grosse étoffe de *bure*, c'est-à-dire un épais tissu de laine brune. On a rapidement appelé *bureau* la toile que les moines du Moyen Âge mettaient sur leur table à écrire. Puis, exactement comme la petite tête de *robin*, le mot a donné son nom à la table à écrire elle-même, qu'elle soit ou non recouverte de *bureau*.

Moine copiste au Moyen Âge.

Ensuite, toujours en suivant le même mécanisme, on a appelé *bureau* la pièce dans laquelle était cette table à écrire. Plus tard, le mot a désigné le « lieu de travail (souvent un immeuble) des employés d'une administration, d'une entreprise » : on va à son *bureau*, on est *employé de bureau*. On dit aussi : *tout le bureau s'est mis à rire*, ce qui veut dire « les personnes qui travaillent dans le bureau ». Le mot *bureau* désigne un « établissement ouvert au public où s'exerce un service d'intérêt collectif *(bureau de poste, bureau de tabac)*, puis un « guichet » (*le bureau de location d'un théâtre)*.

Employé de bureau (1900).

Il indique ensuite le service assuré dans un bureau *(un bureau de placement, un bureau d'études)*. Puis, les membres d'une assemblée élus par leurs collègues pour les diriger : on dit par exemple « l'association a élu son bureau », « le bureau est composé d'une présidente, d'un trésorier, d'un secrétaire ». Enfin, le *bureau politique d'un parti* en est la direction.

Guichet administratif (1900).

Toilette

Diminutif de *toile, toilette* voulait dire au XIVe siècle « petite toile ».
Au XVIe siècle, ce mot désignait la toile, qu'on étendait sur une table, et sur laquelle étaient étalés tous les objets nécessaires pour se faire une beauté. Puis, tous ces objets se sont appelés *toilette*, ensuite ce mot servit à nommer le meuble où étaient rangés ces objets.
Puis, la *toilette* a été l'action de se préparer pour paraître en public. Pendant un temps, les dames de la cour recevaient des visites tout en s'habillant. Ce moment s'est appelé la *toilette*.

La toilette au XIIe siècle.

Comme pour se préparer à paraître en public, on doit aussi s'habiller, on s'est servi du mot pour parler de l'habillement.

Ces femmes ont de jolies toilettes.

Puis, le mot a aussi voulu dire plus précisément le fait de se laver, de se rendre propre, ce qu'on appelle aujourd'hui *faire sa toilette*.

On commence alors à parler de *serviette de toilette* et de *cabinet de toilette*.
Enfin, au XXe siècle, on a parlé d'*aller aux toilettes* au pluriel pour être poli, pour ne pas avoir à dire brutalement qu'on allait faire pipi !

Couvert

Le mot *couvert* est le participe passé du verbe *couvrir*. À la Renaissance, époque où l'on a commencé à se servir de fourchettes, *mettre* ou *ôter le couvert* désignait tout ce dont on couvre une table pour manger (nappe, assiettes, verres, serviettes, fourchettes, cuillères et couteaux). Un nouveau sens, plus étroit, est apparu : *ajouter un couvert*, soit une assiette, un verre, une fourchette, une cuillère et un couteau pour une seule personne.

Ajouter un couvert.

Puis, le mot a désigné l'ensemble constitué par la fourchette, le couteau et la cuillère : *il manque les couverts*.
Enfin, lorsque l'on offre un *couvert d'argent* pour la naissance d'un bébé, *couvert* désigne uniquement la cuillère et la fourchette.

Monde

Le mot *monde* sert à désigner :

– l'univers (la Terre et tous les astres qui existent) ;

– notre système solaire ;

– la Terre, le monde où nous vivons, notre planète ;

La planète Terre.

– une partie de la Terre : *le monde occidental, le nouveau monde* (l'Amérique), *le vieux monde* (l'Europe) ;

– la vie : *venir au monde, ne plus être de ce monde* ;

La venue au monde d'un poussin.

– un univers à part : *le monde des abeilles, le monde de la danse* ;

– la haute société : *un homme du monde* ;

– les gens : *il y a un monde fou !*

Il y a un monde fou dans les gradins.

– chaque individu : *il n'y en aura pas pour tout le monde, tout le monde a signé ?*

Les métaphores

Créneau

Un *créneau* désigne une entaille au sommet d'un mur de château fort, en particulier d'un rempart, qui permettait aux soldats de tirer sur l'ennemi en étant protégé. Le mot n'a pas changé de sens pendant dix siècles.

Puis au XXe siècle, ce mot a commencé à prendre des sens figurés : un *créneau* est une partie pleine entre deux vides. Pour que l'on puisse parler de *créneaux*, il faut qu'il y ait des parties vides entre des pleins. C'est cette idée qui est à la base de la comparaison.

Créneaux de château fort.

Quand une place est libre dans la file ininterrompue des voitures garées au bord d'un trottoir, cette place, vue du trottoir, a la forme d'un créneau d'une muraille. S'il y a deux places de libres avec une voiture garée entre les deux, cela ressemble encore plus à un créneau. On a commencé à dire *faire un créneau* lorsqu'on cherchait à occuper la place laissée libre entre les deux voitures.

Aujourd'hui, on parle très souvent de *créneau horaire* pour parler d'un moment libre dans un temps très plein, aussi plein, sans doute, que la pierre de la muraille.

Et un *bon créneau* est une possibilité de travail ou de marché encore disponible (à une époque où il est difficile de trouver du travail) parce que personne n'y a pensé.

Tête

Ce mot vient du latin *testa*, dont le premier sens était « vase de terre cuite ». Ce mot prit, par métaphore et pour plaisanter, le sens de « tête ». On comparait la tête à un récipient rond et dur. Le mot ordinaire était *caput*, qui a donné chef. En français du Moyen Âge, *teste* gardait, à côté du sens moderne, le sens de « vase ». Le mot *chef* a disparu sauf dans quelques expressions comme *couvre-chef*. Il n'est resté que *tête* dont on n'imagine plus qu'il a pu être une métaphore. Et pourtant c'est la même comparaison qui subsiste dans *bocal*, *carafon*, *cafetière*, *calebasse*, *fiole*… !

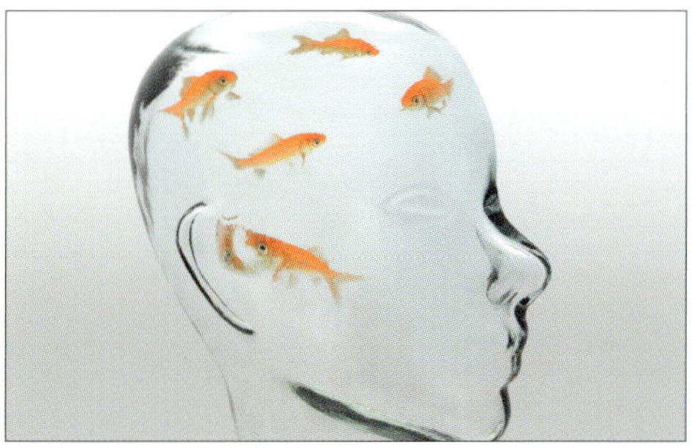

Cellule

Le mot *cellule* est un mot ancien qui a rapidement donné naissance à des comparaisons. On a presque oublié le sens premier du mot *cellule* (« chambre ») pour donner la priorité au sens scientifique.

Aujourd'hui, les scientifiques nous ont habitués à ce mot : on parle des *cellules animales*, des *cellules végétales*, des *cellules de la peau*, des *cellules reproductrices* et, malheureusement aussi, des *cellules cancéreuses*.

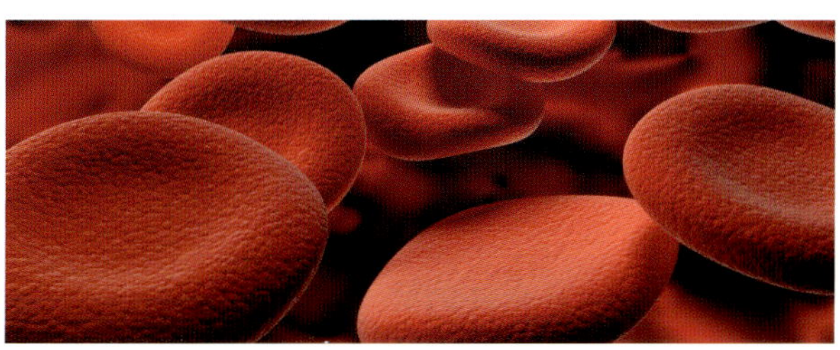

Cellules sanguines : les globules rouges.

Le mot *cellule* est un diminutif du mot latin *cella* qui voulait dire « chambre ». Au départ, une *cellule* est une « petite chambre ». En effet, depuis la fin du Moyen Âge, la *cellule* est la chambre d'un moine. C'est aussi la pièce où un prisonnier est enfermé. À la même époque, on appelle également *cellule* les petits trous, les petites alvéoles à six côtés où les abeilles fabriquent la cire.

Alvéoles d'abeilles.

Le mot *cellule* est employé pour appeler ce que l'on croit être les petites cavités du cerveau. Et par comparaison avec la chambre dont on ferme la porte, on appelle *cellule* les petites cavités fermées par une membrane que les premiers microscopes ont permis de découvrir dans les plantes.

Par comparaison, on parle aussi des *cellules animales*. Les découvertes du XIXe siècle permettent de s'apercevoir que la cellule animale n'est pas un trou, et qu'elle a un noyau. On garde pourtant le mot *cellule* qui prend un autre sens : on pense que c'est l'unité de base de notre corps, et sans doute de toute matière vivante.

On se met alors à faire d'autres comparaisons : on parle de la *cellule familiale*, parce qu'elle est l'unité de base de la société ; des *cellules d'un parti*, qui sont l'unité de base de l'organisation d'un parti. Plus récemment encore, quand il y a un événement grave qui se passe, on réunit une *cellule de crise*, c'est-à-dire un groupe de personnes qu'on charge de s'occuper du problème.

Néologismes* et emprunts

Les néologismes et les disparitions

Un mot nouveau s'appelle un *néologisme*. Ce mot vient du grec et veut dire exactement : « nouveau » (*neo*) « mot » (*logisme*). Bien sûr tout mot a commencé par être un néologisme !

Le vocabulaire se renouvelle beaucoup. Un étranger qui revient en France après dix ans d'absence s'en aperçoit, car il est obligé de se « mettre à la page » : on a beaucoup inventé de mots en son absence, qui correspondent souvent à des événements politiques ou autres, ou à des inventions techniques. De nouvelles façons de dire, surtout, sont apparues.

Dans ce nouveau vocabulaire, on se sert souvent des terminaisons du français, ou des préfixes, ou des deux : *lyonnais**eté***, *raffa**rinade***, ***re**localis**ation***, *guignol**iser***, *brav**itude***.

On peut aussi assembler des mots, comme dans : *nullophile*, *repose-fesses*, *ludotourisme*.

On ne parle pas souvent des mots qui disparaissent, mais il y en a beaucoup. On a tout à fait oublié qu'*aclergir* au Moyen Âge voulait dire rendre comme un « clerc », c'est-à-dire « rendre savant ». Le joli mot *erbelette*, à la même époque, était un jeu d'enfant, auquel on ne sait plus jouer. Au XIXe siècle, on disait en parlant d'une « petite chose » la *chosette*. Ces mots, parmi d'innombrables autres, ont disparu sans laisser de traces.

Comment nommer les nouvelles réalités ?

Comment appeler des choses que l'on invente ou que l'on découvre ? Il y a plusieurs possibilités : créer un mot de toutes pièces, utiliser le nom de quelque chose qui a un rapport avec cette nouvelle chose, ou tout simplement, donner un nouveau sens à un mot qui existe déjà. Voici quelques exemples.

Magnolia et fuchsia

Beaucoup de plantes et d'arbres portent le nom de ceux qui les ont trouvés et apportés en Europe : le *magnolia*, ce bel arbre aux feuilles toujours vertes et aux grandes fleurs blanches très odorantes, a été appelé ainsi en l'honneur du botaniste français Pierre Magnol. Le *fuchsia*, cette plante aux fleurs rouges et violettes, doit son nom à un botaniste de Bavière qui s'appelait Fuchs.

Mots français d'origine étrangères

Mots français	Langue d'origine	Mots français	Langue d'origine
Bagarre	Basque	Lilas	Espagnol
Bambou	Malais	Oasis	Égyptien
Banane	Portugais	Ouragan	Antilles
Boussole	Italien	Raphia	Malgache
Cacahouète	Aztèque	Robot	Tchèque
Canif	Allemand	Sabre	Hongrois
Charrue	Gaulois	Ski	Norvégien
Cauchemar	Néerlandais (hollandais)	Steppe	Russe
		Sucre	Indien
Élan (animal)	Lituanien	Tabou	Polynésien
Jaguar	Tupi-guarani (Paraguay)	Tigre	Iranien
		Tulipe	Turc
Kaki (fruit)	Japonais	Zizanie	Hébreu
Ketchup	Chinois	Zouave	Berbère

Fuchsia.

Bug

On raconte aussi que si un problème informatique s'appelle aujourd'hui un *bug* (ou *bogue*), c'est parce qu'au tout début de l'informatique, les ordinateurs étaient d'énormes machines, qui chauffaient beaucoup. Cette chaleur attirait des insectes (*bug* en anglais), qui finissaient par envahir les machines et les empêcher de fonctionner.

Poubelle

Le préfet Eugène Poubelle, qui obligea les Parisiens à utiliser une boîte à ordures d'immeuble, n'a peut-être pas vraiment apprécié que l'on appelle ces boîtes par son nom de famille… C'est pourtant ce qui s'est produit.

Eugène Poubelle.

Sandwich

Tout le monde mange des *sandwichs*, mais connaissez-vous l'origine de ce mot ? La voici.

Un jour de 1762, John Montagu, quatrième comte de Sandwich, jouait comme tous les jours aux cartes. Mais ce jour-là, la partie qu'il menait contre lui-même était si acharnée qu'il en oublia le déjeuner. Par chance, son cuisinier eut pitié et lui apporta sur un plateau un petit quelque chose pour qu'il puisse continuer de jouer tout en mangeant. Le comte apprécia beaucoup l'invention de son cuisinier : le *sandwich* était né !

John Montagu, comte de Sandwich.

Gardénal

L'histoire du médicament appelé *gardénal* est encore plus amusante. Un chimiste de l'entreprise Rhône-Poulenc, au moment où l'on fabriqua ce médicament, avait proposé, pour rappeler un ancien médicament allemand très connu du nom de *véronal*, de « garder-*nal* » pour que l'on puisse faire le rapport entre ces deux produits. Cela amusa ses collègues qui décidèrent d'appeler le médicament *gardénal*.

Frigidaire

Quand la compagnie Général Motors a créé le réfrigérateur qu'elle a appelé, à partir du latin, *Frigidaire*, elle ne se doutait pas que, petit à petit, quelle que soit la marque, on finirait par appeler tous les réfrigérateurs des *Frigidaires* !

Les emprunts

Et bien sûr, on emprunte des mots aux langues étrangères : *tsunami*, *flashy*, qu'on francise beaucoup. Prononcés à la française, ils sont souvent méconnaissables pour les gens du pays dont ils viennent !

Toutes les langues, d'ailleurs, empruntent aux autres des mots qu'elles n'ont pas. Ainsi :
- l'espagnol a repris environ 4 000 mots à l'arabe,
- le grec et le russe ont beaucoup de mots turcs,
- l'iranien emprunte près de la moitié de son vocabulaire à l'arabe,
- le coréen comprend beaucoup de vocabulaire chinois,
- en Thaïlande, en Corée et jusqu'en Indonésie, on retrouve des mots sanskrits,
- beaucoup de mots français sont repris en anglais, et dans bien d'autres langues.

Il n'y a aucune langue qui soit « pure », toutes les langues sont le résultat de mélanges et de métissages.

Déformations et erreurs

Il existe aussi des mots qui sont le résultat d'erreurs.

Choucroute

C'est ainsi que nous avons emprunté à l'allemand le mot *choucroute* qui se dit dans cette langue *Sauerkraut*. Comme la *choucroute* est faite avec du chou, et que la prononciation de *sauer* en allemand rappelle vaguement le mot français *chou*, on a obtenu *choucroute*. En réalité, le mot allemand *sauer* veut dire « aigre » et *Kraut* signifie « herbe ».

Cependant, il ne s'agit pas toujours d'erreurs, les déformations sont quelquefois volontaires.

Catamaran

Il existe un bateau à voile à deux coques bien connu sous le nom de *catamaran*. C'est un mot anglais qui veut dire « radeau d'Inde », et que les Anglais ont emprunté au tamoul.
Katta veut dire en tamoul « lier, attacher » et *maram,* « bois ». Le *kattamaran* est donc du bois attaché, c'est-à-dire un genre de radeau. Sur ce modèle, on a construit le mot *tri-maran*, qui est un bateau à trois coques. Le préfixe **tri-**, qui veut dire « trois », n'a rien à voir avec l'origine du mot, mais ce dernier a tout de suite été adopté car ce qui avait frappé dans ce bateau, ce n'est pas que ce soit un radeau, mais qu'il ait deux coques. Ce genre de bateaux n'existait pas du tout en Occident jusque-là.

Catamaran.

Comment un mot entre-t-il dans la langue ?

Par l'usage

Il faut d'abord que beaucoup de gens s'en servent. Depuis quelques années, dans le français de tous les jours, on s'est mis à employer le mot *bisous* pour dire *au revoir*. Aujourd'hui, les personnes qui ne le disent pas sont rares. Le mot *souci* a remplacé l'ancien mot *problème*, et l'on dit maintenant « il y a un petit souci » alors qu'on disait auparavant « il y a un problème ». Qui l'a décidé ? Personne. Cela a commencé à se dire, et c'est toujours ainsi que cela se passe avec les mots.

Quand il a commencé à y avoir des personnes qui dormaient dans la rue, on les appelait des *sans-logis* ou des *sans-abri*. La police, elle, parlait de *sans domicile fixe* car c'était le terme administratif pour parler des vagabonds. Un citoyen doit avoir un domicile avec une adresse. Aujourd'hui, la situation est devenue tellement banale qu'on ne parle plus que de SDF. Qui a décidé de dire SDF plutôt que *sans-logis* ou *sans-abri* ? Personne, on le dit.

Par une décision

Quand il s'agit d'un objet fabriqué par une marque industrielle, le mot est souvent inventé par une équipe qui y a réfléchi. Un *I phone,* une *Mégane*, une *Espace*, un *Frigidaire*… les mots sont très nombreux et se répandent avec l'objet.

Quand la SNCF ou la RATP lancent une nouvelle carte, cela se passe de la même manière : on parle de la *carte Imagine R,* du *passe Navigo*, de la *carte Senior*… Le gouvernement aussi crée souvent des mots. L'État avait créé il y a bien longtemps le Revenu minimum d'insertion, plus connu sous le nom de RMI. Ce mot a été employé par des millions de personnes tant qu'a duré le RMI. Il va disparaître parce que l'on a remplacé le RMI par une autre allocation.

Importance du dictionnaire

Les mots nécessaires pour mener une conversation sont évalués à environ **5 000.** On estime entre **20 à 30 000** ceux qui sont connus par une seule personne. Il se crée des mots tous les jours : **en 6 mois, plus d'un millier de néologismes apparaissent dans le journal *Le Monde* !** Mais tous les mots ne restent pas dans la langue. En effet, c'est la tâche du lexicographe* de prévoir ceux qui vont devenir courants et qui doivent apparaître dans le dictionnaire pour être définis. Ainsi, un dictionnaire pour le CM1 et le CM2 offre la définition de **20 000 mots** alors que *Le Petit Larousse* ou le *Nouveau Littré* en présentent environ **60 000.**

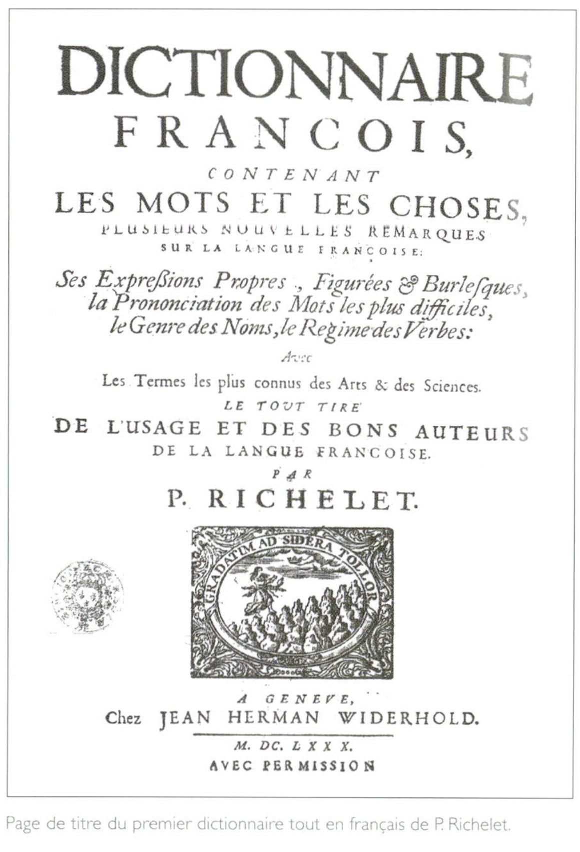
DICTIONNAIRE
FRANCOIS,
CONTENANT
LES MOTS ET LES CHOSES,
PLUSIEURS NOUVELLES REMARQUES
SUR LA LANGUE FRANÇOISE:
Ses Expreßions Propres, Figurées & Burlesques,
la Prononciation des Mots les plus difficiles,
le Genre des Noms, le Regime des Verbes:
Avec
Les Termes les plus connus des Arts & des Sciences.
LE TOUT TIRÉ
DE L'USAGE ET DES BONS AUTEURS
DE LA LANGUE FRANCOISE.
PAR
P. RICHELET.
A GENEVE,
Chez JEAN HERMAN WIDERHOLD.
M. DC. LXXX.
AVEC PERMISSION

Page de titre du premier dictionnaire tout en français de P. Richelet.

Naissance d'une langue : le français

Antiquité et Moyen Âge

A-t-on toujours parlé français en France ? Non : les Gaulois parlaient gaulois. Les Romains, qui ont conquis la Gaule de 120 à 51 ans av. J.-C., parlaient latin. Et quand les Francs, à leur tour, ont conquis notre pays et s'y sont installés, ils parlaient une langue germanique. Alors, qui parlait français ? Personne. Où parlait-on français ? Nulle part, **le français n'existait pas**[1]. Mais alors d'où vient-il ? Comment est-il né ?

Comme le font les archéologues avec les morceaux de poterie ou d'os qu'ils trouvent, **les linguistes reconstituent le passé à partir des noms de rivières, de montagnes, de lieux**[2]. En France, quand un nom de village n'est ni d'origine latine, ni d'origine gauloise, c'est qu'il est plus ancien.

Les Ibères

Beaucoup de villes ou de villages du sud-ouest s'appellent *Artigues* (Ariège, Aude, Gironde), *Artigue* (Haute-Garonne), *Lartigue* (Gers, Gironde)… *Artigue* n'est pas un nom gaulois, mais il vient du mot *artiga,* qui veut dire en occitan « terre défrichée », et qui est d'origine ibère. Les Ibères ont occupé cette région jusqu'à la conquête romaine. Leur langue a alors disparu.

Les Aquitains

Il y avait aussi des hommes qui vivaient dans la région qui se situe entre la Garonne, les Pyrénées et l'Océan, c'est-à-dire la Gascogne et le Pays basque français, les Aquitains. On pense aujourd'hui que la langue basque[3], qui est l'une des plus vieilles d'Europe, descend de la langue qu'ils parlaient.

Les Ligures

Dans le sud-est, de chaque côté du Rhône, près de Marseille et jusqu'à Gênes en Italie, beaucoup de villages ou de villes ont des noms qui se terminent en **-osque** et **-asque,** comme *Manosque* (Alpes-de-Haute-Provence), *Vénasque* (Vaucluse)…
Ce ne sont ni des mots gaulois, ni des mots latins. Ce sont des terminaisons de mots qui viennent du ligure, la langue parlée par les Ligures. On leur doit aussi le nom des *Alpes*, qui signifiait en ligure « montagnes » et les mots *calanque*, *avalanche*, *chalet*, *joue*, *marron*…

Les Grecs

Au sud-est, sur la côte d'Azur, des colons grecs venus de la ville de Phocée en Asie mineure (aujourd'hui, c'est à peu près la Turquie), ont fondé Marseille en 620 av. J.-C. C'est pour cette raison qu'on appelle souvent aujourd'hui Marseille la « cité phocéenne ». Le commerce marchant bien, ils ont aussi créé quelques comptoirs, c'est-à-dire de petites installations commerciales sur la côte méditerranéenne et dans le delta du Rhône : Nice, Antibes, Agde et Arles.
Quand Jules César a envahi la Gaule, les Ibères, les Ligures et, bien sûr, les Gaulois étaient bien vivants[4].

Les Gaulois

Redoutables guerriers, les Gaulois s'établirent sur notre territoire entre -700 et -500 ans. À l'époque où Jules César les rencontre, ils sont gouvernés par environ 330 *rix*, mot qui veut dire « roi » (qu'on retrouve dans *Vercingétorix* tout comme dans *Astérix* !).

© Éditions Sudel.

Village gaulois.

Ils parlent une langue celte, proche du breton, de l'irlandais, du gallois ou de l'écossais. Il ne reste que quelques fragments de textes, transcrits en caractères latins[5] ou grecs. Ces textes sont trop courts pour qu'on puisse reconstituer leur grammaire. La plus longue inscription en gaulois qui ait été retrouvée est un texte magique de 170 mots, découvert en 1983 dans le Larzac, qui parle de sorcières. Quant aux savants druides, ils transmirent leur savoir oralement, et n'ont donc laissé aucun texte.

Les Gaulois ont créé des villages, des petites villes avec des marchés et nous ont laissé quantité de noms de villes.

Paris s'appelait *Lutetia*, nom d'origine « préceltique », c'est-à-dire qui existait avant l'arrivée des Gaulois, et voulait sans doute dire « marais ». Comme beaucoup de villes de France, *Lutetia* a changé de nom au moment des invasions « barbares » du IVe siècle, et a pris le nom de la « tribu » gauloise dont elle était la capitale, les *Parisii*.
Il y avait alors une centaine de peuples gaulois qui occupaient la Gaule, chacun parlant son propre gaulois, toujours un peu différent des autres. De nombreux noms de villes gardent la trace de nos « ancêtres les Gaulois ». Ainsi, *Bourges* est la capitale des *Biturges* (« les rois du monde ») et Poitiers, celle des *Pictaves* (les « rusés »)…

Exemples de noms de villes issus du gaulois

– La terminaison de mot gaulois -**magus**, qui veut dire « marché », est à l'origine du nom de la ville de *Rouen*, qui se disait *Rotomagus*.
– Les terminaisons -**dunum**, -**durum**, -**rato** veulent dire « forteresse ». *Issoudun* est un nom de ville d'origine gauloise, qui veut dire « haute forteresse », quant à *Verdun*, c'est une « super forteresse » ! *Lyon* s'appelait *Ludunum*, forteresse du dieu Lug.
– La ville de *Nanterre*, en région parisienne, était un lieu sacré : son nom gaulois *Nemetodurum* veut dire « sanctuaire » *(nemeto)* et « forteresse » *(-durum)*.
– Certains noms de villes décrivent l'endroit où elles sont installées : *Meulan* se disait *Mediolanum*, qui voulait dire « milieu de la plaine », car en gaulois, ***lano*** veut dire « plaine ». Tous les noms de ville ou village tels que **Le Petit-***Breuil*, **Le Grand-***Breuil*, *Breuil*-**le-Sec**, *Breuil*-**le-Vert**… sont des noms gaulois, car *breuil* voulait dire « champ » et aussi « petit bois ».
– La terminaison de mot gauloise **-acus**, qui veut dire la « propriété de campagne », la « villa », le « territoire de… », est devenue **-ac** dans le sud-ouest et dans l'ouest de la France *(Berger***ac***, Cogn***ac***)* ou encore **-é**, **-ay**, **-ai**, **-y**, **-ey** plus au nord : *Rouill***é**, *Civr***ay**, *Crul***ai**, *Issign***y**, *Colomb***ey**…

Entre 500 et 600 après J.-C., la langue gauloise a presque complètement cessé d'exister. Le gaulois nous a laissé des noms de lieux et environ 150 mots dont certains appartiennent au français de tous les jours. Ils concernent la vie à la campagne, l'agriculture, la pêche et la chasse. En plus des noms de lieux et de ces 150 mots, le gaulois nous a laissé l'habitude de compter par *vingt* : nous disons par exemple *quatre-vingts*, qui veut dire « quatre fois vingt », au lieu de dire *huitante* ou *octante*.
Voici quelques exemples de **mots d'origine gauloise** en français.

Alouette	Chemin	Mine
Balai	Chêne	Mouton
Bec	Cloche	Orteil
Bercer	Craindre	Pièce (morceau)
Bouc	Druide	Quai
Boue	Dune	Sapin
Bouleau	Galet	Sillon
Bourbier	Glaner	Soc (charrue)
Brasser	Glaise	Suie
Briser	Gobelet	Talus
Bruyère	If	Tanière
Changer	Jante	Valet
Char	Jarret	Vassal
Charrue	Lande	
Charpente	Lieue	

Les Romains

Les Romains envahissent d'abord la région qui va des Pyrénées aux Alpes le long de la Méditerranée en -120. Ils en font une province gallo-romaine avec Narbonne comme capitale. Cette province est très vite « latinisée », et le gaulois y est rapidement en perte de vitesse.

En mars -58, Jules César envahit la Gaule. Malgré la résistance de certains Gaulois, qui ont à leur tête **Vercingétorix**, toute la Gaule est militairement conquise en -66. La ville d'Alésia, dans laquelle Vercingétorix était assiégé, est prise par les Romains en -52 et Vercingétorix est exécuté.
Après la conquête militaire, c'est une « romanisation » pacifique qui commence. La colonisation romaine amène avec elle la prospérité et la paix.

Les nobles gaulois commencent rapidement à envoyer leurs enfants dans les écoles de Marseille ou de Rome, où **on leur apprend d'abord à parler latin**. Le meilleur moyen pour réussir dans la nouvelle société est de connaître le latin, qui est la langue des nouveaux maîtres de la Gaule, et aussi celle du commerce : commerçants et aristocrates se mettent donc à l'apprendre. **Ils abandonnent même leur langue maternelle gauloise au profit du latin**. C'est dans les campagnes que l'on continue le plus longtemps à parler le gaulois.

Vercingétorix jette ses armes aux pieds de César (Lionel-Noël Royer, 1899).

L'occupation romaine va durer plus de 500 ans. Le latin s'écrit à l'école et dans les administrations. Il est parlé partout dans l'immense Empire romain, aussi bien par les commerçants que par les soldats, et bien sûr, il se transforme petit à petit. Mais il permet, comme l'anglais aujourd'hui, de se comprendre d'un bout à l'autre de l'Empire.

Entre 256 et 258, les Francs traversent la Gaule et vont jusqu'en Espagne. Francs, Alamans, Burgondes, pirates saxons et frisons massacrent, pillent, terrorisent la population. À la fin du siècle, l'empereur Dioclétien, puis l'empereur Constantin, parviennent à rétablir la paix et à réorganiser la Gaule.

Un événement très important pour l'avenir de l'Occident, mais aussi pour l'avenir de la langue latine, a lieu en 313 : l'empereur Constantin se convertit au christianisme, et après lui, les empereurs romains se rallient au christianisme. L'Empire et l'Église ne font plus qu'un. **Le latin devient la langue de la messe en Occident au cours de ce IVᵉ siècle.**

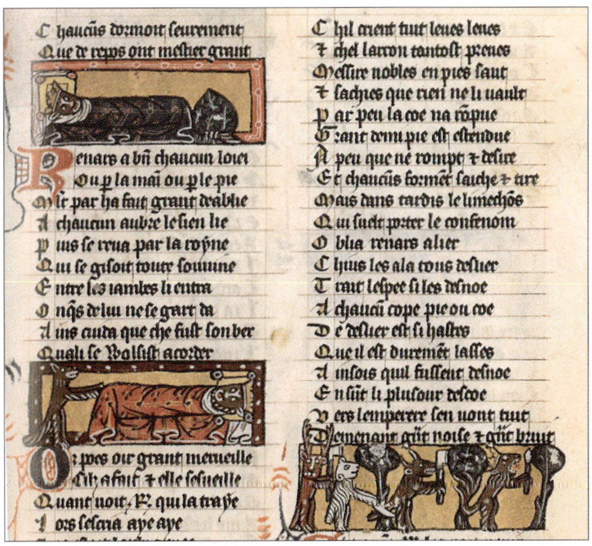

Texte en ancien français *(Le Roman de Renart)*.

Au moment où Constantin devient empereur, le christianisme a fait son apparition, surtout le long des voies de communication que sont le Rhône et le Rhin, et il n'y a pas beaucoup de chrétiens en Gaule. Mais à la fin du Vᵉ siècle, il y a des monastères dans toute la Gaule, devenue chrétienne. Le culte gaulois, rendu par les druides, était peut-être le dernier endroit où la langue gauloise était conservée. Avec la christianisation, c'est la mort du gaulois. Les Huns, avec leur chef Attila, les Vandales et autres barbares franchissent le Rhin, et envahissent la Gaule, l'Espagne, les Balkans et l'Italie. Cette fois, Rome ne parvient pas à arrêter ces invasions : en 476, le dernier empereur romain est détrôné, c'est ainsi que finit l'Empire romain d'Occident.

Les Francs

Mais qui sont ces **Francs**, **dont le nom** qu'ils ont laissé à notre pays **veut dire « libres »** ? Ce ne sont plus vraiment des envahisseurs ou du moins, ils sont installés au nord-est de la Gaule, entre la Meuse et l'Escaut, depuis 340. Sur 50 à 100 km à l'ouest du Rhin, **on parle leur langue** : le mosellan et le flamand viennent de la langue franque.
Beaucoup de chefs francs ont fait carrière dans l'armée romaine. Childéric, roi des Mérovingiens et père de **Clovis**, est au service des Romains. À partir de 481, profitant du désordre général, Clovis s'empare de tous les pays entre la Somme et la Loire, sauf la Bretagne. Il fait d'abord de Tours, puis de Paris, sa capitale. Ensuite, il annexe tous les pays de la Loire aux Pyrénées.

Clovis se convertit au christianisme vers 498 : c'est le **premier roi barbare chrétien**. La Gaule, l'Église parlent latin. La religion chrétienne devient le trait d'union entre le monde romain et le monde barbare.

Les guerriers Francs choisissent Clovis pour roi.

Les Francs suivent l'exemple de leur chef Clovis et, en adoptant le christianisme, apprennent un minimum de latin. Les chefs francs sont en général bilingues. Ils parlent germain, mais connaissent aussi le latin et, bien souvent, la culture latine qu'ils admirent. D'ailleurs tous les rois jusqu'au Xe siècle continueront à parler la langue franque. Hugues Capet (roi de 987 à 996) est le premier roi à avoir besoin d'un traducteur quand on lui parle en langue franque. Les deux langues, latine et germanique, cohabitent sans doute un certain temps, mais comme les Francs sont beaucoup moins nombreux que les Gaulois, **ils abandonnent petit à petit le germain**, et se fondent dans la population : **c'est finalement le latin qui l'emporte**. Le latin reste donc, à travers toute la Gaule, la langue principale. Mais il n'en est pas sorti tout à fait indemne : les invasions germaniques ont eu, elles aussi, une influence sur ce latin, sur sa prononciation, sur le vocabulaire. Voici quelques exemples : en latin, on faisait la différence entre l'aspect mat ou brillant de la couleur blanche : *candidus* désignait le blanc brillant et *albus* le blanc mat. Le mot *blanc* en français est un mot d'origine germanique, qui a remplacé les deux mots latins que nous utilisions avant l'arrivée des Francs.

L'influence de la langue des Francs a été si importante qu'elle a probablement contribué à former les deux grandes zones qui séparent encore aujourd'hui la France ou, plutôt, la langue française :

– la zone de la **langue d'oïl**, où Clovis a bâti son royaume,
– la zone de la **langue d'oc**, au sud, où l'influence romaine a été la plus forte.

Oc et *oïl* sont les deux manières de dire « oui » en français du Moyen Âge. Dans une troisième zone, qu'on appelle « franco-provençale », et qui se situe entre les deux zones précédentes, autour de Lyon, Grenoble et Genève, on trouve des influences germaniques et latines (*cf.* carte page 4).

Dans le domaine de la langue d'oïl, il y a des quantités de dialectes dont le parler a des influences « franques », c'est-à-dire germaniques. Dans le domaine de la langue d'oc, les divers dialectes n'ont pas subi d'influence franque. C'est aussi dans ces régions que les Gaulois ont été le moins présents.

Campagne	Animaux	Quotidien	Mer	Couleurs	Qualités	Guerre
Blé	Caille	Banc	Bouée	Blanc	Frais	Adouber
Bois	Chouette	Beignet	Écume	Bleu	Gai	Bouclier
Bûche	Crapaud	Bille	Falaise	Blond	Hardi	Blason
Framboise	Frelon	Broder	Flot	Brun	Laid	Éperon
Gerbe	Hanneton	Buée		Fauve		Étrier
Grappe	Héron	Danser		Gris		Flèche
Haie	Mésange	Fauteuil				Fourreau
Hameau		Froc				Garçon
Hêtre		Guérir				Guerre
Houx		Hangar				Guetter
Jardin		Lécher				Hache
Marais		Louche				Heaume
Osier		Poche				Honte

Il reste quelques centaines de mots d'origine germanique dans le français d'aujourd'hui, ce tableau en présente quelques exemples.

Naissance de la langue romane

Durant les siècles qui ont suivi, le latin parlé en France a continué à se transformer, à s'éloigner de plus en plus du latin. Le latin parlé évolue tellement qu'à l'église les fidèles ne comprennent plus le « vrai latin » employé pour les sermons. En 813, on recommande aux prêtres d'utiliser une langue qui permette à tous de comprendre ce qui est dit. On leur demande même de traduire le sermon en « langue romane rustique », ou encore en « latin des illettrés », afin que tous puissent facilement comprendre ce qui est dit.
Personne ne réalise encore que le latin parlé a tellement évolué qu'il en devient presque une autre langue. On croit que c'est le peuple qui ne sait pas parler parce qu'il est illettré.
Trente ans plus tard, au moment du partage de l'empire de Charlemagne entre ses trois petits-fils, deux d'entre eux se sont alliés contre le troisième et se sont juré fidélité. Ce sont les **Serments de Strasbourg** (842).

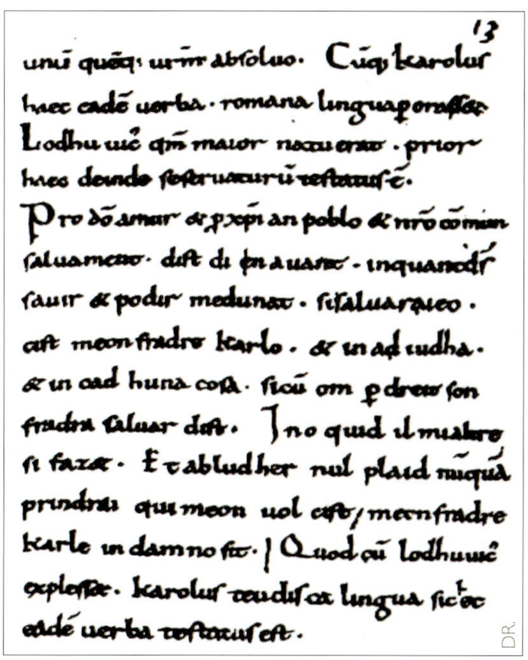
13
unũ quẽq; uirm absolut. Cũq; karolus
haec eadẽ uerba · romana lingua ꝑorasset
Lodhuuuic qm̃ maior natu erat · prior
haec deinde se seruaturũ testatus ẽ.
Pro dõ amur & ꝑ xp̃ian poblo & nr̃o cõmun
saluament · dist di en auant · inquantdꝰ
sauir & podir me dunat · si saluarai eo ·
cist meon fradre karlo · & in ad iudha ·
& in cad huna cosa · sicũ om ꝑ dreit son
fradra saluar dift · In o quid il mi altre
si fazet · Et ab ludher nul plaid nũquã
prindrai qui meon uol cist meon fradre
karle in damno sit · Quod cũ lodhuuuic
explesset · karolus teudisca lingua sic hec
eadẽ uerba testatus est ·
DR.

Les Serments de Strasbourg.

Ce serment public, accord politique qui reconnaît l'existence de deux royaumes issus de l'Empire ruiné, a été mis par écrit. La langue utilisée, du côté français, est la « langue romane », c'est-à-dire le français. C'est le premier texte écrit en langue française qui ait été retrouvé.

Les Serments de Strasbourg (Paul Lehugeur, XIXe siècle).

Le « latin des illettrés » est parlé par tant de monde à ce moment-là qu'on ne se pose plus la question de savoir si c'est du latin « écorché » : c'est une langue et elle est devenue **la langue officielle** du royaume de Charles le Chauve.
Le français d'aujourd'hui est le résultat de tous ces contacts entre peuples différents au fil de l'Histoire.

Le latin, qui est la base la plus importante du français, a été parlé en Gaule avec l'accent gaulois. Ce latin de Gaule a ensuite encore évolué au contact de la langue germanique des envahisseurs francs. Et c'est de ce latin mélangé, métis, que vont naître les dialectes gallo-romans tels le poitevin, le picard, le berrichon, le bourguignon, le limousin, le gascon… Il subira encore d'autres transformations au cours des siècles pour devenir le français que nous parlons aujourd'hui.

Unification de la langue française

La question de l'unification de la langue française met en lumière les rapports qui existent entre le pouvoir et la langue.
En effet, l'université et les savants continuent de parler et d'écrire en latin. Les textes de lois ainsi que la justice sont en langue latine. Le latin reste donc la langue noble, plus noble, pensent-ils, que le français. À la Renaissance, des poètes se révoltent et prennent la défense de la langue française. Ils s'appellent Ronsard, du Bellay. Des savants refusent d'écrire leurs livres dans cette langue et rédigent leurs écrits en français. **François 1er**, ami des écrivains et des poètes, prend alors une décision très importante : en 1539, il décide que le français remplacera désormais le latin dans l'administration et dans les tribunaux, pour que chacun puisse comprendre ce qu'on lui demande, ou de quoi il est accusé. **Le français devient la langue du Roi et du Royaume.**

François Ier (Jean Clouet, 1524).

C'est un tournant dans l'histoire du français, car à partir de ce moment, il gagne du terrain sur le latin. Pour la première fois, des grammaires et des dictionnaires de français sont rédigés. En 1629, une université propose des cours en français et six ans plus tard l'Académie française est créée. C'est l'époque des auteurs comme La Fontaine, Racine, Corneille. Le français n'étant plus considéré comme inférieur au latin, ses écrivains sont enfin reconnus au même niveau que ceux de l'Antiquité.

L'anéantissement des patois

Les événements se précipitent. La **Révolution** va bientôt faire guillotiner le Roi et bien des aristocrates. La **République** s'installe en France. Mais quelle langue parle-t-on alors en France ?

À cette époque, dès que l'on sortait de Paris, disons à une centaine de kilomètres de la capitale, on ne parlait pas français. En 1790, un partisan de la Révolution, l'abbé Grégoire, mène une enquête sur les patois parlés en France. Il estime à 15 millions le nombre de Français.

L'abbé Grégoire (1800), (Pierre-Joseph-Célestin François).

Jean Racine (François de Troy).

D'après l'abbé Grégoire, il existe une trentaine de patois et seulement 3 millions de Français parlent le français. Il précise également que 6 millions de Français ne parlent pas du tout cette langue et que 6 millions d'autres la parlent mal et sont presque incapables de tenir une conversation. Il pense aussi qu'il y a moins de 3 millions de personnes qui sont capables de l'écrire correctement. Selon lui, il faut « anéantir » les patois, sources d'erreurs et de superstitions.

Au début, les révolutionnaires veulent convaincre tout le monde. Ils se mettent donc à traduire, dans tous les dialectes et les patois des départements, les décisions, les lois et les décrets révolutionnaires.

Mais en 1793, il y a un changement complet d'attitude par rapport aux patois. On guillotine le Roi le 21 janvier. La République, attaquée de toute part, choisit la **Terreur**[6], qui commence en septembre. Dans cette atmosphère, n'importe qui devient suspect. Comme la Vendée s'est soulevée contre la Révolution, on commence à suspecter toutes les campagnes et tous ceux qui parlent patois.

À partir de l'été 1793, il devient interdit, sous peine d'emprisonnement, d'utiliser dans les actes publics une tout autre langue (poitevin, breton, occitan…) que le français. En même temps, la République crée l'École normale pour former des maîtres que l'on enverra dans les campagnes, un par village. Il faudra du temps pour que ces idées se réalisent, près de deux siècles, en réalité.

Jules Ferry : l'école obligatoire

En 1881-1882, le ministre de l'Instruction publique, Jules Ferry, fait voter des lois qui rendent l'enseignement primaire public gratuit, laïc et obligatoire. Tout enseignement en breton, auvergnat… est interdit. Les enfants n'ont pas le droit de parler leurs langues régionales, leurs patois à l'école.

Pour cela, différentes méthodes sont utilisées, comme les coups de règles sur les doigts ou le bonnet d'âne. Le premier enfant qui prononce un mot de patois au début de la journée porte le bonnet d'âne. Le suivant, qui parle patois, le porte à son tour et cela continue ainsi jusqu'à la fin de la journée. Le dernier à porter le bonnet est puni. À force d'humiliations, on finit par convaincre les enfants que leur langue de naissance est ridicule et qu'ils doivent l'oublier.

© Éditions Sudel.

L'école de Jules Ferry.

Aujourd'hui, la télévision contribue au triomphe du français.
Le français est réellement devenu la langue de la République.

DR.

Jules Ferry.

Lexique

Anthroponymie : science qui étudie l'origine des noms de personnes.

Communauté linguistique : groupe social qui, en plus des intérêts et des biens qu'il a en commun, parle la même langue.

Dérivation : procédé de formation des mots (*dérivés*) par ajout d'un préfixe, d'un suffixe, ou des deux à la fois (ex. : *zen-**itude***).

Étymologie : science qui s'occupe de l'origine des mots et de leur histoire.

Langue maternelle : langue apprise dès la petite enfance dans le milieu familial, de façon informelle.

Langue officielle : langue qui a été choisie et reconnue par la Constitution d'un État pour écrire les textes de loi, et être utilisée dans toutes les administrations, tribunaux ainsi que dans les documents et établissements publics.

Langue régionale : langue parlée traditionnellement par des citoyens français sur le territoire de la République, et qui n'est la langue officielle d'aucun État (ex. : le breton, le basque et le poitevin).

Lexicographe : art et technique de la rédaction des dictionnaires.

Locuteur : personne qui parle une langue (ex. : un locuteur français).

Métaphore : rapprochement implicite que l'on fait entre deux éléments qui ont un point commun, sans utiliser de mots de comparaison. Par exemple, dans cette phrase : *L'eau tranquille du lac était un miroir*, l'eau est comparée à un *miroir* car, comme ce dernier, elle a la capacité de refléter une image.

Métonymie : emploi d'un nom à la place d'un autre dont le sens se devine. Par exemple, on dit *boire un verre* pour dire *boire ce qui est dans le verre*.

Néologisme : mot qui s'est créé depuis peu, et qui commence à s'employer (ex. : *bravitude*).

Onomatopée : mot dont le son semble imiter un cri, un bruit, une façon de parler… (ex. : *cocorico*, *zozoter*).

Paronymie : ressemblance de prononciation, et parfois de sens, entre deux mots qui pousse à les confondre (ex. : *âcre* et *âpre*).

Préfixe : élément qui a du sens et se place avant le radical d'un mot pour construire des dérivés (noms, verbes, adjectifs, adverbes) (ex. : *trans-*, *anti-*).

Radical : partie essentielle du mot, qui lui donne son sens, et qui peut varier : *fleur-iste*, *flor-aison*. C'est à partir du radical que les préfixes et les suffixes construisent les mots dérivés.

Seconde langue : langue apprise après la langue maternelle, et qui peut servir de langue de culture, ou de scolarisation. On parle de *langue seconde* dans le cas où elle devient obligatoire pour la formation de l'individu. Ainsi, le français est langue seconde au Sénégal.

Suffixe : élément qui a du sens et se place après le radical d'un mot pour construire des dérivés (noms, verbes, adjectifs, adverbes)(ex. : *-ible*, *-able*).

Toponymie : science qui s'occupe de l'origine des noms de lieux.

Notes

Chapitre 1. – 1. *Ethnologue, Languages of the world* est un organisme qui effectue des estimations tous les 4 ans environ. Sa dernière étude date de 2002. 2. Informations extraites du *Summer Institute of Linguistics* du Texas (*Ethnologue, Languages of the world*). 3. *Genèse*, chapitre 11, v. 1 à 9. 4. Source : Alliance biblique universelle. 5. E. Little, *Confessions d'une fanatique des langues*, Payot, Paris, 2009. 6. Ces mots et leurs traductions sont dus à Marie-Claude Casper que nous remercions pour ces informations.

Chapitre 3. – 1. *Cf.* Préambule de l'*Histoire d'une langue : le français* de M. Cohen, éditions Les Éditeurs réunis, Paris, 1950. 2. On appelle cette partie de la linguistique la *toponymie*. La science qui s'occupe des noms de personnes s'appelle l'*anthroponymie*. 3. Le basque a donné quelques mots en français, comme le mot *bagarre*. 4. Jules-César le raconte dans un livre intitulé *La Guerre des Gaules*. 5. *Cf.* Jules-César, *La Guerre des Gaules*, chapitre 6. 6. La *Terreur* désigne la période qui débute en 1793 et au cours de laquelle on pourchasse, on emprisonne, on guillotine, de façon systématique, les opposants à la Révolution française.

Crédits iconographiques :
E. Pradel, M. Vincent, *Histoire de France.*
Cours élémentaire, éditions Sudel, Paris, 1969 (p. 25, 27 et 31) ; P. Richelet,
Dictionnaire françois contenant les mots et les choses, Genève,
Jean Herman Wilderhold, 1680 © BnF-Gallica,
FRBNF37252284 (p. 23) ; Anonyme, *Le Roman de Renart* © BnF,
manuscrits occidentaux, français 12584, fol. 16 (p. 27).